Notice
sur Mme
MARIE-ANTOINETTE
de Saint-Blaise
née DE JOBAL.

METZ,
IMPRIMERIE ET LITHOGRAPHIE DE NOUVIAN.
1843.

NOTICE

SUR

Mme MARIE-ANTOINETTE

DE SAINT-BLAISE

NÉE DE JOBAL.

NOTICE

SUR

Mme MARIE-ANTOINETTE

DE SAINT-BLAISE

NÉE DE JOBAL,

Principale Fondatrice et Bienfaitrice de l'Œuvre des
Orphelines de Saint-Joseph.

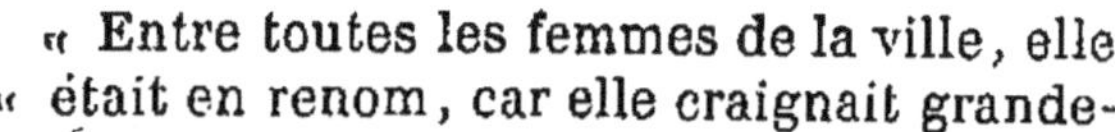

« Entre toutes les femmes de la ville, elle
« était en renom, car elle craignait grande-
« ment le Seigneur ; et il ne se trouvait
« personne qui dit, sur elle, une parole
« méchante. »

(Judith. 8. 8.)

METZ,
IMPRIMERIE ET LITHOGRAPHIE DE NOUVIAN,
au bas de la rue Tête-d'Or.

1848.

AUX ORPHELINES

de la Maison Saint - Joseph.

MES CHERS ENFANTS,

Que vos désirs soient satisfaits! voici la notice que vous m'avez demandée avec tant d'instances. En recueillant les souvenirs qu'a laissés sur la terre votre principale bienfaitrice, j'ai été heureux de rencontrer une nouvelle occasion d'exprimer ma profonde reconnaissance pour tout le bien qu'elle vous a fait; mais j'ai été plus heureux encore de trouver dans sa vie même, un parfait modèle à vous offrir.

Tels sont en effet, mes enfants, les devoirs imposés à toutes les femmes, que, bien que vous soyez dans une position beaucoup plus humble que celle de Mme de Saint-Blaise, vous avez cependant à pratiquer les mêmes vertus que celles qu'elle a si bien su pratiquer. Elle s'est dévouée à Dieu et au prochain; voilà aussi la dévotion que nous demandons de vous.

C'est son exacte soumission aux pratiques de la religion qui lui a donné la force nécessaire pour triompher continuellement d'elle-même, pour remplacer ses défauts par les vertus opposées, et pour lui faire toujours accepter le devoir, quelque pénible qu'il fût. Comprenez, vous aussi, que la vraie piété ne consiste pas seulement dans des prières nécessaires, mais encore dans la soumission à toutes les obligations de notre état.

Possédant une belle fortune, n'ayant pas d'enfants pour lesquels elle dût se soumettre à des économies, elle a donné beaucoup aux pauvres, beaucoup à toutes les œuvres de charité, beaucoup à vous surtout. Vous ne pourrez jamais l'imiter dans la dispensation d'aussi abondantes largesses ; mais imitez-la au moins dans son désir de rendre toujours service à tout le monde, dans son attention à ne faire peine à personne, dans la bonté de ses paroles, dans la douceur de ses manières, dans l'égalité de son humeur.

En vous rappelant comme elle craignait de demeurer un seul instant oisive, vous ne consentirez pas à perdre inutilement la plus petite partie du temps que vous avez à votre disposition. Son habitude de faire toujours le bien en se cachant, et son désir d'être oubliée et ignorée, vous apprendront à ne pas vous laisser dominer par l'ambition de vous élever au-dessus des autres, d'attirer sur vous les regards et de sortir de la position que la Providence vous a faite. En étudiant son esprit de mortification et de pénitence, vous vous soumettrez facilement aux privations qui vous sont imposées; et son admirable pudeur, qui ne se démentit pas un seul des jours de sa vie, vous fera entourer d'un nouveau respect votre propre pudeur.

Voilà en définitive, à quoi doit servir cette notice, mes enfants; c'est pour vous qu'elle est faite, ne l'oubliez pas. J'ai écrit rapidement quelques souvenirs sur le papier, mais il faut maintenant que vous graviez vous-même ces souvenirs dans votre cœur, et que vous les reproduisiez ensuite dans toutes vos œuvres, car les filles adoptives de Mme de Saint-Blaise doivent être dignes d'elle et lui ressembler.

Au reste, n'est-ce pas elle-même qui, du fond de la tombe que vous avez arrosée de tant et de si justes larmes, ou plutôt du haut du Ciel où votre espérance aime à la contempler, semble vous engager à marcher sur ses traces. Elle était si heureuse pendant sa vie, d'entendre faire l'éloge de votre piété et de votre conduite, que je puis bien placer sur ses lèvres, comme le dernier adieu qu'elle vous adresse, ces paroles de saint Paul aux premiers chrétiens : *O vous qui me fûtes si chères, vous ma joie et ma couronne, demeurez toujours fidèles à suivre les voies du Seigneur.* (Philip. 4. 1.)

NOTICE

sur

Mme Marie-Antoinette

DE SAINT - BLAISE

NÉE DE JOBAL.

MARIE-ANTOINETTE de JOBAL naquit à Metz le 2 septembre 1771 ; son père était Commandant, pour le Roi, de la Citadelle de cette ville, et sa mère était fille de M. Ferrand, Commandant la Maréchaussée des Trois-Évêchés, Lorraine et Barrois. Toutefois, quelque distinguée que fût sa famille par le rang qu'elle occupait dans la province, elle se faisait remarquer davantage encore par un attachement sincère à la religion, au service même de laquelle plusieurs de ses membres avaient voulu se dévouer entièrement en entrant dans les rangs du Clergé. L'un, après avoir signalé dès sa première jeunesse son zèle et ses talents comme Chef du Grand-Catéchisme de la paroisse Saint-Sulpice à Paris, était devenu Curé de la paroisse Sainte-Ségolène à Metz, et mourut martyr de son zèle en allant arracher à un lieu de débauches un jeune homme auquel il s'intéressait vivement ; les coups et les blessures qu'il reçut en cette occasion terminèrent trop tôt une vie toute consacrée au service de Dieu et de ses paroissiens. Deux autres prêtres du nom de Jobal étaient Chanoines de la Cathédrale ; d'autres encore servaient l'Église dans des postes plus humbles, mais non moins utiles au salut des âmes.

Quand le sacerdoce entre dans une famille, il y porte toujours les bénédictions du ciel ; la foi y pénètre avec lui, et gagne, peu à peu, les cœurs mêmes qui, d'abord, se fermaient devant elle ; les mauvaises préventions s'affaiblissent, tombent et disparaissent ; les pratiques religieuses s'introduisent insensiblement dans les mœurs domestiques ; les habitudes deviennent chrétiennes, et l'enfance, surtout, familiarisée de bonne heure avec les ministres de Dieu, contracte envers eux une confiance qui doit exercer sur le reste de la vie une utile et douce influence.

La jeune Antoinette eut le bonheur de l'éprouver elle-même, et elle n'a cessé d'attribuer le sentiment de piété profonde qui remplit son cœur jusqu'à la mort, aux rapports qu'elle eut, dès le berceau, avec les prêtres ses parents, et à la connaissance plus intime qu'elle put avoir de ceux qui, successeurs des premiers Disciples, sont trop souvent, comme eux, dans la triste nécessité d'obéir à la recommandation que leur a faite le divin Maître, et de s'éloigner, en secouant la poussière de leurs pas, devant le monde qui les repousse.

Les années de l'enfance ne furent point pour elle, comme pour tant d'autres, perdues par l'excessive et coupable tendresse des parents. Sa première éducation n'eut rien de mou, et elle échappa à ces dangereuses *gâteries* qui énervent à la fois le cœur, l'âme et le corps de la plupart des jeunes filles. Mme de Jobal savait se faire aimer, sans cesser de se faire craindre; elle n'avait pas la faiblesse de céder devant un caprice d'enfant, et elle ne reculait jamais devant l'ordre qu'elle avait une fois donné. M. de Jobal montrait plus de fermeté encore, et nous devons même avouer que cette fermeté allait quelquefois jusqu'à la rudesse.

Accoutumé à commander aux soldats, il conservait, même dans sa famille, quelque chose de sec, de tranchant et de brusque; il ne supportait pas d'observations, et punissait sévèrement le moindre retard apporté à l'exécution de sa volonté. C'était, d'ailleurs, sa manière de voir, qu'il fallait élever la jeunesse avec moins de ménagements qu'on ne le fait d'ordinaire, et que le développement du corps demandait qu'on le mît de bonne heure à l'épreuve; il voulait donc que ses enfants travaillassent à la terre, s'endurcissent au froid et à la chaleur, et menassent une vie peu différente de celle que mènent les enfants de la campagne.

Antoinette comparait ces exigences avec les attentions excessives des parents de quelques-unes de ses jeunes amies. Elle crut qu'elle était moins aimée que ne l'étaient celles-ci. Son cœur, naturellement très-tendre, fut comme écrasé. Son père lui inspirait une frayeur si grande, que souvent on la voyait trembler lorsqu'il élevait la voix; le matin, on la trouvait pleurant, dès son réveil, à la seule pensée de la nécessité où elle était d'aller lui souhaiter le bonjour; elle n'osait pas parler, moins encore se permettre la moindre caresse; elle devint donc timide à l'excès, toute renfermée en elle-même, et se fit, dans sa famille, la réputation d'être dépourvue, tout à la fois, de moyens et de sentiments. Ses deux frères au contraire, pleins de vivacité et plus libres de contrainte, montraient de la confiance en leurs parents, étaient démonstratifs à leur égard, et flattaient leur amour propre par les succès qu'ils obtenaient dans les premières études. A eux revenaient donc presque nécessairement tous les témoignages de satisfaction et d'attachement ; tandis que leur pauvre sœur devenait chaque jour plus triste, plus découragée, plus défiante d'elle-même, plus timide envers son père, et peut-être aussi, plus maussade.

Cependant elle n'avait pas onze ans encore, et une heureuse circonstance devait changer subitement sa manière d'être. Mme de Jobal était allée passer quelques mois à Paris, auprès de M. Ferrand son père qui y habitait à cette époque ; Antoinette était du voyage, et elle fut accueillie par un tendre grand-père, qui caressait, qui comblait de petits présents, qui gâtait même peut-être ; mais cet excès d'attentions pour l'enfance devait, une fois au moins, servir à quelque chose d'heureux. Antoinette sentit son cœur se dilater, sa timidité s'évanouir, et toutes ses facultés se faire jour. On eût dit qu'elle était comme la terre engourdie qui n'attend qu'un rayon de soleil pour produire de riches trésors. Le changement qui se fit en elle, fut aussi complet que rapide, et lorsqu'au bout de six mois, elle revint à Metz, son père ne pouvait comprendre que ce fût là son enfant ; il la trouvait ouverte, gaie, empressée à rendre service, montrant une intelligence et un esprit qu'il n'avait jamais soupçonnés ; aussi ne savait-il comment lui témoigner son contentement, et chaque démonstration de sa tendresse, par une heureuse réaction, développait davantage encore les bonnes qualités qu'il voyait pour la première fois dans sa fille.

Vers cette époque, Antoinette fut admise à la première Communion. Les détails de ce grand événement ne sont point parvenus jusqu'à nous ; mais elle en parlait si souvent et avec tant de bonheur jusqu'à la fin de sa vie, que l'on peut deviner qu'elle reçut son Dieu avec toutes les dispositions qui animent d'ordinaire, en ce grand jour, les âmes privilégiées.

Une preuve qu'il en fut ainsi, — et n'est-ce pas la meilleure ? — c'est qu'au dire d'anciens

serviteurs, depuis ce moment, elle ne se dis-
puta jamais avec ses deux frères ; elle travailla
avec de nouveaux succès à faire la consolation
de ses parents, et elle montra, pour les pratiques de piété, un empressement qui ne s'est
jamais ralenti.

Cependant un défaut demeurait à Antoinette ; elle qui naguère paraissait d'une humeur
sombre et taciturne, elle avait bientôt prouvé que
son caractère était tout au contraire naturellement porté à une aimable gaîté ; mais les qualités
les plus heureuses ont malheureusement leurs
dangers, et au lieu de circonscrire sa gaîté dans de
justes bornes et dans ces *joyeusetés* innocentes, qui
plaisaient à saint François de Sales, elle arrivait
quelquefois à des plaisanteries ou un peu trop
mordantes, ou un peu trop prolongées ; c'est
qu'elle avait le malheureux talent d'imiter les
petits ridicules, de contrefaire le langage, et de
saisir avec adresse tout ce qui prêtait au rire.
De bonnes villageoises de Peltre furent, à ce qui
paraît, victimes de cette humeur rieuse, lorsqu'Antoinette allait passer quelques moments au
château de ce village, bâti par M. Ferrand, son
grand-père, et devenu aujourd'hui la maison-
mère de la Congrégration des Sœurs de la Pro-

vidence ; car nous avons entendu de leur bouche sortir cette parole au moment de sa mort : « Comment comprendre qu'elle ait pu devenir aussi bonne, aussi douce, aussi indulgente , elle qui , étant jeune, nous inspirait tant de frayeur, parcequ'elle se moquait de nous, et riait de toutes les fautes qui nous échappaient dans la manière de parler? »

Ce reproche fait à la première jeunesse d'Antoinette devient un bien bel éloge, puisqu'il montre les victoires qu'elle a remportées sur elle-même pour arriver à cette indulgence toujours soutenue, à cette habileté pour excuser, et à cette attention continuelle à ne faire peine à personne, qui ont été de bonne heure son caractère tellement distinctif, que, dès sa jeunesse, on l'appelait : *La Bonne Toinette.*

Tandis qu'elle travaillait ainsi à corriger les petits défauts qui se trouvaient en elle, et à faire de plus en plus le bonheur de sa famille, déjà de graves événements se passaient en France, et ils devaient bientôt l'atteindre douloureusement elle-même. La Révolution, dès le principe, s'était montrée, à Metz, défiante à l'égard du Commandant de la Citadelle ; mais quand le bruit se répandit que Louis XVI pensait à venir se renfermer précisément dans cette Citadelle, on ne vit plus dans M. de Jobal qu'un ennemi du peuple, et dans la forteresse confiée à sa vigilance qu'un boulevard élevé contre la nation. La Citadelle fut rasée, et son Commandant traîné en prison ; Mme et Mlle de Jobal se retirèrent dans l'asyle le plus obscur qu'elles purent trouver dans la ville.

Les premiers conseils qui leur avaient été donnés, les engageaient à émigrer et à aller chercher hors de la patrie la tranquillité que la France ne pouvait plus leur offrir ; mais elles furent retenues par la crainte d'aggraver la position de M. de Jobal ; elles préférèrent demeurer près de lui, travailler selon leur pouvoir à sa délivrance, et en effet leurs démarches actives réussirent à le faire sortir de prison après quelques mois de captivité.

Antoinette passa à Metz et dans les environs de cette ville tout le temps de la Terreur ; sa famille parvint à se faire oublier en vivant dans la retraite la plus profonde ; et on arriva enfin, sans nouvelles épreuves, à des jours plus calmes et plus sereins.

Jamais peut-être la légèreté du caractère français ne se montra davantage qu'à cette époque.

La longue privation de plaisirs à laquelle on avait été condamné, inspirait généralement comme un besoin de s'y livrer. La classe riche ne paraissait avoir recueilli les débris de son ancienne fortune, que pour organiser de continuelles fêtes et étaler un luxe qui fut rarement porté plus loin. M. de Jobal était mort, Mme de Jobal recevait peu de société chez elle ; mais elle avait à faire les honneurs du salon de M. Ferrand, son père, chez lequel se réunissait tout ce que Metz possédait de plus distingué.

Au milieu du monde, Antoinette en prit bientôt le goût. Jamais on n'eut à lui reprocher ni légèreté trop grande, ni vanité excessive, ni manières trop peu réservées ; mais elle aimait cette agitation qui plaît d'ordinaire à la jeunesse, elle s'occupait avec soin de sa toilette, et faisait sa grande affaire d'obtenir ce qu'on appelle des succès. Il faut convenir, au reste, qu'elle les obtenait. M. Ferrand applaudissait à la bonne grâce qu'elle montrait en tout, à la gaîté qu'elle donnait à ses réunions, et surtout aux éloges qui lui revenaient de toutes parts sur elle.

Ce que les esprits les plus sérieux pouvaient eux-mêmes louer, c'était la soumission parfaite et l'obéissance vraiment aveugle qu'Antoinette montrait envers sa mère. Le souvenir s'est conservé que celle-ci, accoutumée à des modes qui n'avaient pas survécu à la Révolution, exigeait que sa fille les portât encore dans le monde qui les avait depuis longtemps oubliées. La jeune personne le faisait avec tant de simplicité, et riait elle-même de si bonne humeur des petites remarques de ses compagnes, que l'on ne pensait point à se moquer, mais que l'on admirait cette entière déférence aux volontés de sa mère.

Ce furent ses heureuses qualités qui, bien plus encore que sa fortune et l'honneur de s'allier à sa famille, engagèrent en 1802 M. de Saint-Blaise, Lieutenant-Colonel d'Artillerie, à demander sa main.

M. de Saint-Blaise avait eu une jeunesse un peu orageuse. A l'époque de la Révolution, ayant émigré, il était entré dans l'armée du prince de Condé, et à son retour en France, il n'avait pas retrouvé beaucoup de fortune ; mais il appartenait à une famille si honorable, il possédait des qualités si nobles, on appréciait tellement son cœur, que la famille de Mlle de Jobal n'hésita pas à l'engager à accepter la proposition qui lui était faite ; et elle donna son consentement.

Antoinette devait vérifier la parole de saint

Paul : *l'homme infidèle est sanctifié par la femme fidèle*. Dès les premiers jours qui suivirent son mariage, elle s'appliqua à rappeler à M. de Saint-Blaise les pratiques de la religion qu'il avait oubliées au milieu des camps, et à lui redonner les pieuses habitudes qu'il avait autrefois contractées dans sa famille. D'abord, elle l'engagea à s'agenouiller chaque soir à ses côtés, pour s'unir à elle dans la prière qu'elle récitait elle-même à haute voix ; ensuite elle l'associa à quelques bonnes lectures qu'elle choisissait à l'avance parmi celles qui pouvaient lui être plus utiles ; bientôt elle le crut assez bien préparé pour l'exciter à se présenter avec elle à la table sainte, et enfin, elle eut le bonheur de le voir, docile à ses leçons, apprendre d'elle le chemin qui conduit chez les pauvres. Sa piété douce, éclairée, insinuante, ennemie de toute exagération, devait, en effet, nécessairement gagner l'âme naturellement si droite de son mari, et il a répété cent fois que sa femme a été, pour lui, l'ange visible qui l'a ramené à Dieu.

Pendant les premières années de son mariage, Mme de Saint-Blaise continua de se mêler à toutes les fêtes que le monde lui présentait ; mais, peu à peu, elle vit disparaître le plaisir qu'elle y avait d'abord rencontré. La mort de son grand-père et celle de sa mère lui donnèrent des goûts plus sérieux, et elle se sentit fatiguée de tout ce qui pouvait la distraire de ses regrets.

D'ailleurs, elle renfermait en son cœur une autre peine profonde : des enfants ne lui étaient pas donnés, et ce fut là un chagrin qu'elle ne voulait communiquer à personne, mais dont elle laissait, malgré elle, en mille circonstances, échapper le secret. C'est à cela qu'on attribue l'espèce d'impossibilité où elle était d'entendre parler ou de mariage ou de naissance, et la persistance qu'elle mit toujours à s'abstenir de paraître aux baptêmes et aux noces qui avaient lieu, même dans sa famille.

Il paraît que ce fut lorsqu'elle eut entièrement perdu l'espoir de devenir mère, que Mme de Saint-Blaise tourna vers Dieu seul ses pensées; elle abandonna peu à peu le monde, détacha doucement l'un après l'autre tous les liens qui l'y retenaient, et elle aurait complètement rompu avec lui, si les goûts de son mari n'eussent pas été, en ce point, différents des siens.

En cela même, elle rencontra une occasion de montrer combien elle comprenait parfaitement tous ses devoirs d'épouse. M. de Saint-

Blaise lui ayant témoigné qu'il était peiné de la voir refuser toutes les invitations qui lui étaient faites, et renoncer à en faire de son coté, elle obéit aussitôt à ce qu'il désirait d'elle, et se mit de nouveau à accomplir avec exactitude toutes les obligations qu'impose le commerce du monde; elle poussa même jusqu'à une espèce de scrupule ces obligations de pure bienséance, et ne se permit plus de s'en affranchir. Quelquefois cependant, rentrant chez elle, elle ne pouvait s'empêcher de montrer quelqu'ennui, et elle se plaignait alors à son mari d'être obligée de faire et de recevoir de si nombreuses visites. « Eh bien ! Madame, lui répondit un jour un peu vivement M. de Saint-Blaise, il ne fallait pas vous marier; quand on ne veut voir personne, on se fait religieuse. » Cette parole fut pour elle une leçon qu'elle n'oublia jamais; elle travailla, depuis lors, à veiller continuellement sur elle, pour supporter avec un visage souriant tout ce qui lui déplaisait, et paraître prendre plaisir aux rapports de société qui lui étaient plus à charge. Dans ce but, elle appela à son aide les secours de la piété, et contracta l'habitude de faire le signe de la croix et d'élever son cœur vers Dieu, dès qu'on lui annonçait une visite. Par le même motif encore, elle ne sortait jamais de sa chambre pour se rendre au salon, sans prendre de l'eau bénite ; et quand elle devait aller passer la soirée dehors, elle priait à genoux pendant quelques instants.

Cette intelligence des devoirs d'une femme vivant dans le monde, l'engageait aussi à veiller avec soin sur la manière dont elle s'habillait. Si, autrefois, il y avait eu chez elle un peu de ce goût de la toilette que l'on remarque chez presque toutes les jeunes personnes, maintenant ce n'était plus qu'une attention qui naissait de la pensée d'une obligation à remplir. Elle aurait craint que l'on n'attribuât à la piété une certaine négligence dans ses vêtements, et que l'on ne fît retomber sur la dévotion le ridicule de quelques modes surannées. Elle était donc toujours bien mise, sans affectation et sans luxe, mais d'une manière parfaitement conforme à sa position sociale ; et on eut dit qu'elle prenait pour règle de conduite la maxime du Roi Saint-Louis, que le Saint Evêque de Genève cite, dans l'Introduction à la vie dévote : « Il faut se vêtir selon son état, en sorte que les sages et les bons ne puissent dire : Vous en faites trop ; ni les jeunes gens : Vous en faites trop peu. »

Le soin de l'intérieur de sa maison était encore pour elle l'occasion de se surmonter; car naturellement elle aimait peu la surveillance des détails domestiques; mais, comme elle savait que c'était un devoir, rien ne la lui aurait fait négliger. Elle donnait chaque jour ses ordres aux serviteurs et tenait à ce qu'on les suivît exactement; elle s'informait de ce qu'avaient fait dans la journée ses ouvrières et ses femmes de chambre; elle descendait dans le détail de la dépense, s'occupait de tout ce qui constitue le ménage, et ne négligeait, en un mot, aucune de ces choses qui ne paraissent petites qu'à ceux qui n'ont point assez réfléchi sur les véritables et premières obligations de la maîtresse de maison.

Craignant cependant encore de s'écouter trop, et de se laisser aller à une certaine négligence, elle s'était imposé chaque semaine ce qu'elle appelait *sa visite* : alors elle parcourait ses appartements, ouvrait chaque armoire, regardait au fond de chaque tiroir, examinait attentivement partout si chaque objet se trouvait à sa place, et sans faire de reproches ni d'observations, elle prenait et déposait au milieu de chaque chambre tout ce qui n'était pas au lieu qu'il devait occuper, ou ce qui laissait désirer quelque chose pour la propreté, ou le linge qui était mal plié. On dit que cette inspection faite exactement chaque semaine, mais non pas au même jour, engageait ceux qui dépendaient d'elle à s'observer sans cesse eux-mêmes, et que l'intérieur de sa maison, grâce à sa surveillance, offrait partout cet ordre qui signale la présence d'une femme forte.

Dans les conversations, Mme de Saint-Blaise montrait toujours une grande gaîté ; elle avait habituellement le sourire sur les lèvres et se prêtait quelquefois à une douce plaisanterie ; mais il n'y avait jamais rien, dans ce qu'elle disait, qui fût de nature à blesser personne. Une politesse exquise, des manières distinguées quoique très-simples, une affabilité constante, lui gagnaient le cœur de tous ceux qui avaient l'avantage d'être admis auprès d'elle ; mais en même temps, les absents étaient toujours respectés : elle ne parlait mal de qui que ce soit ; et si l'on se permettait une médisance, elle ne répondait rien, mais laissait voir par un silence affecté, qu'elle voulait demeurer entièrement étrangère à ce qui pouvait blesser la charité. On n'a pas remarqué qu'elle ait jamais fait un mensonge.

L'esprit de famille est une partie trop essentielle des devoirs d'une femme, pour qu'elle ait pu y demeurer étrangère. Dès son enfance, elle s'était étudiée à faire le bonheur de ses parents, et elle avait acquis, au plus haut degré, l'amitié de jeunes cousines qui remplaçaient pour elle les sœurs qui ne lui furent jamais accordées. Un de ses frères fut enlevé de bonne heure à sa tendresse; l'autre fut l'objet constant de ses attentions, et eut l'avantage de voir sa femme et ses enfants partager les sentiments qui lui étaient voués. Après sa mort, Mme de Saint-Blaise ne laissa point s'altérer ces bons sentiments, elle continua à voir dans sa belle-sœur une amie, l'entourant des marques d'une juste affection, et voulant jusque dans son testament lui en donner la preuve. Ses neveux, ses nièces surtout, lui étaient chers, et elle reportait sur les enfants de son frère, cette abondance d'affection que son cœur ne pouvait répandre sur des enfants qui lui eussent appartenu. Alliée par elle-même ou par son mari à un grand nombre de familles, elle se montra bonne parente à l'égard de toutes, ne négligeant aucun devoir de politesse et de bienséance, rendant suivant l'occasion de petits services, cherchant surtout à unir les esprits et à éviter tout ce qui aurait pu occasionner quelque refroidissement.

On se rappelle que, dès sa jeunesse, elle avait montré d'heureuses dispositions pour la piété, et à l'époque même où elle avait fréquenté davantage le monde, elle avait conservé toutes ses habitudes religieuses; mais à mesure qu'elle avança en âge, elle s'attacha peu à peu aux diverses pratiques de la plus haute dévotion, et l'on peut bien dire qu'elle en vint à mener, sous l'habit d'une femme du monde, la vie d'une religieuse tout occupée de Dieu.

Ce qu'elle regardait avec raison comme étant par rapport aux pratiques son premier devoir, c'était l'assistance exacte aux offices de sa paroisse; elle voulait que tous ses serviteurs l'imitassent en ce point, et elle tenait particulièrement à ce qu'ils arrivassent avant qu'aucune cérémonie fût commencée. Si elle s'apercevait qu'ils n'étaient pas à l'église au moment où le Prêtre sortait de la sacristie, elle les obligeait toujours à entendre une seconde Messe. Elle-même avait contracté l'habitude de solenniser le Dimanche et surtout les jours de grande fête, par une toilette un peu plus recherchée : « Il faut bien, disait-elle en riant, faire honneur au bon Dieu! »

Indépendamment des offices de sa paroisse, elle assistait régulièrement aux sermons qui sont prêchés à la Cathédrale, et surtout aux réunions des diverses Confréries qui ont lieu dans cette même église. En 1825, à la suite de la mission solennelle donnée à Metz, une Association de Persévérance ayant été établie parmi les Dames, elle fut choisie pour en être Présidente, et jusqu'à sa mort elle a soutenu cette pieuse congrégation, qui tendait à se dissoudre et à se mêler à des associations nouvelles.

Mais en même temps qu'elle se livrait avec zèle à ces exercices publics de piété, elle suivait en son particulier, avec une admirable constance, un réglement plus sévère que celui de beaucoup de communautés. A la vérité, on n'a point trouvé chez elle, à sa mort, de résolutions écrites, ni de plan de conduite tracé pour chaque jour ; mais ce qui est mieux, pendant plus de vingt ans, les personnes de sa maison l'ont vue se soumettre exactement aux mêmes pratiques.

Le matin elle se levait à cinq heures ; les jours où elle devait communier, c'était à quatre, afin d'avoir plus de temps pour se préparer à recevoir la visite de son Dieu. De longues prières, et quelques lectures méditées, remplissaient les premiers moments de la journée. A sept heures au plus tard, elle allait à la Messe ; c'était d'ordinaire dans une chapelle de la rue des Trinitaires, voisine de sa demeure ; là elle demeurait toujours longtemps ; mais avant que son mari fût levé et demandât son déjeûner, elle était de retour chez elle et s'occupait de la tenue de sa maison.

Dans le courant de la journée on voyait souvent entre ses mains des livres de piété, qui étaient le plus souvent d'anciens ouvrages et surtout des formulaires de prières. « Les livres nouveaux sont bons pour les jeunes personnes, disait-elle ; à moi, il me faut les livres que j'ai toujours lus, et je préfère la piété d'autrefois aux belles choses que l'on dit aujourd'hui. »

Vers trois ou quatre heures de l'après-midi, elle se rendait dans la même chapelle que le matin, pour faire une visite au Saint-Sacrement et dire son chapelet. Elle demeurait longuement occupée à ces pieux exercices, mais comme elle voulait remplir tous ses devoirs de femme du monde, ses domestiques avaient l'ordre de venir la chercher, dès que quelques personnes se présentaient chez elle, demandant à la voir.

Quelquefois aussi elle faisait le Chemin de la Croix ; mais elle se sentait peu d'attraits pour l'exercice public de cette dévotion, et elle disait qu'elle ne le faisait que pour donner le bon exemple. Elle aimait mieux méditer sans que rien vînt troubler son recueillement, et elle paraissait goûter surtout l'exercice de l'Heure sainte, qui consiste à s'unir, depuis onze heures du soir jusqu'à minuit, principalement le Jeudi, à l'agonie de Notre Seigneur au jardin des Olives. On croit qu'elle se livrait chaque semaine, et peut-être plus souvent, à cette pieuse pratique, mais elle s'appliquait à ne le pas donner à connaître, et quand elle devait enfin se coucher, c'était en prenant mille précautions pour ne faire aucun bruit.

Lorsque le soir elle était rentrée chez elle, ou que la société qui se réunissait dans son salon était retirée, Mme de Saint-Blaise rassemblait toutes les personnes de sa maison, et son mari s'y trouvant aussi, elle récitait elle-même à haute voix la prière du soir. Quand M. de Saint-Blaise prenait congé d'elle, elle le suivait jusqu'à la porte de sa chambre, et là, mettant son doigt dans le bénitier, elle le lui présentait ensuite. Ils faisaient alors tous les deux ensemble le signe de la croix. C'était leur adieu de chaque soir.

Le soin des pauvres occupait sérieusement ces deux époux chrétiens. D'abord leurs aumônes étaient communes, mais plus tard ils eurent chacun leur bourse à part pour soulager les malheureux, et à mesure qu'ils conservèrent moins de rapports avec le monde, ils augmentèrent de beaucoup leurs largesses.

Un jour, M. de Saint-Blaise se trouvait à la Cathédrale, à un sermon de charité, et il fut frappé en entendant le prédicateur développer cette vérité, que le superflu des riches appartient aux pauvres. « Madame ! Madame ! dit-il à sa femme en rentrant chez lui, j'ai fait un vol aux pauvres, j'ai un sac de 500 fr. qui sont pour moi tout-à-fait superflus ; ils ne m'appartiennent pas, on vient de me le faire comprendre ; tenez, les voici, ayez l'obligeance de les porter bien vite aux bonnes Sœurs de la Charité, pour qu'elles les distribuent tout de suite aux familles les plus malheureuses. » Cette commission était trop du goût de celle à qui il s'adressait, pour qu'elle ne la remplît pas avec empressement ; mais, après avoir remis cette somme à la Sœur supérieure, en lui en faisant connaître l'origine, elle ajouta avec un sourire : « Quant à moi, ma bonne Sœur, je ne puis rien vous donner de mon superflu, je n'en ai pas en réserve. »

Plus tard, une personne qui s'occupait de

bonnes œuvres vint à en parler devant les charitables époux. M. de Saint-Blaise, âgé pour lors
de 86 ans, dit avec sa gaîté ordinaire : « Ce ne
sera pas moi qui pourrai vous venir en aide, je
n'ai plus rien, et j'ai remis tout ce que je possé-
dais entre les mains de Madame, chez qui je suis
comme un pauvre qu'elle veut bien loger et
nourrir. »... « Monsieur ! se hâta de répondre
Mme de Saint-Blaise, si vous n'avez plus d'argent, vous avez encore de l'or ; je ne vois pas
quelle nécessité il y a à conserver une tabatière
de métal si précieux ; une boîte beaucoup plus
simple vous rendrait le même service, et vous
auriez le mérite d'avoir contribué à une bonne
œuvre de plus. Nous devenons vieux, il faut pen-
ser à notre éternité ; c'est l'aumône qui nous
ouvrira le ciel, à nous qui sommes riches. »
Aussitôt M. de Saint-Blaise remit sa tabatière
d'or à la pieuse solliciteuse, qui n'avait pas le
courage d'accepter un don si admirable ; il fal-
lut qu'on la pressât, mais son œuvre trouva là
en définitive une assez belle ressource. La tabatière fut vendue 450 fr.

Mme de Saint-Blaise a toujours aimé à cacher
le bien qu'elle faisait, et on ne peut en calculer
l'étendue. On sait seulement qu'elle venait en

aide à plusieurs étudiants dans les séminaires ou ailleurs, qu'elle pensionnait un certain nombre de familles indigentes dont elle payait le loyer ; qu'elle était inscrite pour un chiffre assez considérable dans toutes les listes de souscriptions charitables si nombreuses à Metz ; qu'elle aimait à confier la distribution de quelques aumônes au curé et aux vicaires de sa paroisse, comme connaissant mieux les besoins des familles ; mais surtout, qu'elle chargeait les filles de Saint-Vincent de Paul de porter des secours aux indigents les plus nécessiteux. Indépendamment de ce qu'elle donnait en d'autres circonstances à ces bonnes Sœurs, elle ne manquait jamais, au jour du nouvel an, d'aller leur faire sa visite, et de remettre à chacune de celles qui visitent les pauvres à domicile, une somme de cinquante francs ; et à celles qui surveillent les orphelines, une autre somme pour procurer de petites douceurs à ses chers enfants. Ne sont-ce pas là les étrennes les mieux entendues qu'aient à donner les personnes riches ?

La foi de Mme de Saint-Blaise était trop vive pour qu'elle ne se fît pas un bonheur de travailler pour les malheureux, et surtout pour les pauvres églises. Ses doigts, accoutumés comme ceux de la femme forte à ne jamais se reposer, connurent peu d'autres occupations dans les dernières années de sa vie.

Cependant, la Providence l'avait destinée à devenir la principale bienfaitrice, et en quelque sorte la fondatrice de l'un des plus importants établissements de charité dont Metz se glorifie.

A la suite de la Révolution, le Bureau de Bienfaisance avait été mis en possession de l'ancien couvent des Récollets. C'était là que l'on avait réuni les Sœurs de Saint-Vincent de Paul chargées du soin des pauvres, mais le local était bien plus vaste qu'il ne fallait. L'administration, désireuse de faire autant de bien qu'il se pouvait, crut devoir utiliser ces bâtiments pour les enfants des deux sexes appartenant aux familles pauvres de la ville; on les y réunissait pour leur donner quelques leçons et pour leur apprendre à travailler. Le vénérable abbé Potot étant devenu Aumônier des Sœurs de cette maison, pensa qu'au lieu de recevoir tous ces pauvres enfants comme externes, il valait mieux leur faire fréquenter les écoles de la ville, et ouvrir un asyle aux jeunes filles orphelines, à tous les besoins desquelles on chercherait à pourvoir. L'idée parut bonne à MM. les membres du Bureau de Bienfaisance, ils l'adoptèrent, et d'heureux résultats vinrent récompenser leur charité. Cependant, en 1829, le Ministre en examinant leurs comptes leur fit connaître qu'ils devaient désormais s'interdire cette bonne œuvre, parce que les fonds dont ils avaient la disposition, appartenaient uniquement au soulagement des indigents et ne pouvaient être appliqués à l'éducation des orphelines, dont les hospices seuls se trouvaient légalement chargés.

Forcé donc de renoncer à une œuvre qui était son ouvrage, le Bureau de Bienfaisance cherchait cependant à trouver en dehors de ses ressources le moyen de la continuer; il avait eu, sur ce point, des conférences avec M. le Préfet de la Moselle, M. le Maire de Metz, MM. les Membres de l'administration des Hospices civils, et surtout avec Mgr. Besson, Évêque de Metz. Mais on hésitait encore sur le parti que l'on prendrait, lorsque Monsieur et Madame de Saint-Blaise se présentèrent à l'Évêché, et s'adressant au Prélat, lui firent connaître que, puisqu'on était embarrassé pour les pauvres Orphelines, ils se chargeraient à eux seuls de la dépense pour une année, et que pendant ce temps-là on pourrait aviser aux moyens de pourvoir à l'avenir.

Mgr. Besson reçut de si généreux bienfaiteurs comme les envoyés de la Providence, et s'entendant avec eux, il réunit à l'Évêché, en assemblée générale, toutes les dames de la ville; une liste d'abonnement se remplit rapidement, et un Conseil d'administration ayant été choisi parmi les dames abonnées, Mme de Saint-Blaise fut nommée Trésorière.

Pendant près de vingt ans qu'elle a exercé cette charge, on peut dire qu'elle a été l'âme de toute l'Œuvre. Quelque soutenu qu'ait été le zèle des autres membres du Conseil, quelque grande qu'ait été leur générosité, c'est à la Trésorière surtout, que revient l'honneur d'avoir doté Metz d'une maison d'Orphelines.

Le Bureau de Bienfaisance voulait bien continuer à donner aux pauvres enfants une généreuse hospitalité dans la maison qui lui appartient; les Sœurs de la Charité, chargées dès l'origine de remplacer leurs mères, ne pouvaient refuser de leur apporter le même tribut de dévouement; M. l'abbé Dudot, Vicaire-Général, nommé Directeur de l'Œuvre nouvelle, offrait avec bonheur le concours de ses lumières et de son influence: mais tout cela ne suffisait pas, et pour satisfaire aux besoins d'une aussi nombreuse famille, il fallait de l'argent et beaucoup d'argent.

En procurer fut la part de Mme de Saint-Blaise. Pour avoir de nouveaux abonnements, elle ne négligeait ni lettres, ni démarches, ni visites ; et on la vit connaître, pour la première fois, les inquiétudes que donne la passion d'amasser. Que souvent elle se désolait, lorsque la mort, le changement de résidence ou un autre motif, lui enlevaient quelques souscriptions ! mais quelle joie aussi ne ressentait-elle pas, quand les Dames du Conseil lui apportaient de nouveaux noms à inscrire, ou des dons inespérés ! Elle a travaillé avec tant de soins à cacher ce qu'elle donnait elle-même, que l'on ne peut que le soupçonner. On ne se trompera pas, sans doute, en lui attribuant plusieurs des dons qu'elle a elle-même inscrits comme anonymes ; une fois, d'ailleurs, elle s'est laissé surprendre dans ses industries pour dissimuler le bien qu'elle faisait. C'était à la fin d'une année : elle rendait les comptes, et en tête était inscrit le réliquat des années précédentes, mais ce réliquat était beaucoup plus élevé qu'il ne devait l'être ; on lui fit remarquer cette erreur. « Oh ! dit-elle avec une admirable naïveté, j'espérais que vous

n'iriez pas consulter les comptes de l'année dernière, que vous vous en rapporteriez à moi, et
que j'aurais pu donner à notre OEuvre, sans
que cela fût su par personne, la somme qui se
trouve en surplus. » En une autre circonstance
un remboursement devait être effectué, et il
l'avait été réellement, mais quand on voulut sa-
voir pourquoi il ne figurait pas parmi les dé-
penses, on apprit que c'était parce qu'elle avait
payé avec ses propres deniers. Chaque année, au
reste, on découvrait des traits semblables, quand
on examinait sa comptabilité; mais elle s'em-
pressait de demander le secret. On ignore abso-
lument pour quel chiffre elle a contribué à l'érection de la Chapelle des Orphelines, car elle a été
aidée en cela par plusieurs autres dames ambi-
tieuses comme elle de cacher leurs aumônes;
tout ce que l'on sait, c'est que la chapelle a coûté
plus de 30,000 fr., et que la caisse de l'OEuvre
n'a rien eu à débourser. Souhaitons à tous les établissements de charité des Trésorières aussi généreusement infidèles que celle des Orphelines !

Peut-être, poussant à l'excès son amour pour
l'OEuvre dont elle était chargée, Mme de Saint-
Blaise se montrait-elle un peu jalouse à l'égard
des autres OEuvres; mais quelle est donc la dame

de charité qui ne l'est pas un peu, quand il s'agit des pauvres qu'elle est spécialement chargée de secourir ? Après tout, elle savait si bien réparer ces petites jalousies, qu'il faut les citer comme un modèle à imiter. Quand la Maison de la Providence, en faveur des Orphelins, dut s'établir, un ecclésiastique alla lui en parler. Pour la première fois, il fut assez mal reçu. « Vous voulez donc, lui dit-elle, faire crouler notre Maison d'Orphelines ? vous ne lui portez donc plus d'intérêt ? si vous allez demander pour un nouvel établissement, que deviendra le nôtre ? » Mais le lendemain, M. de Saint-Blaise apportait à ce même ecclésiastique, en son nom et au nom de sa femme, une somme de 2000 fr., à la condition qu'on ne leur demandât jamais plus rien pour les Orphelins. La même scène se renouvela, quand il fut question d'ouvrir la Maison du Bon-Pasteur ; on l'avait choisie pour Dame Patronesse, elle refusa avec vivacité, toujours en disant que l'on voulait donc ruiner l'OEuvre des Orphelines ; mais quelques jours après, elle envoya 1000 fr. pour la fondation nouvelle, et plus tard, d'autres dons considérables ont encore été faits par elle à cet établissement si nécessaire dans une grande ville.

C'est qu'en définitive, malgré sa juste préférence pour ses chères Orphelines, elle ne voulait demeurer étrangère à aucun bien ; à toutes les demandes elle accordait une offrande, à tous les besoins connus elle envoyait un secours. L'œuvre des Écoles Chrétiennes, celle des Jeunes-Économes, la Conférence de Saint-Vincent de Paul, ou plutôt toutes les entreprises de charité, la reconnaissent pour bienfaitrice. La Propagation de la Foi lui était particulièrement chère, et elle s'en occupait activement ; les curés de campagne la regardèrent souvent comme l'ange de la Providence pour leurs pauvres églises ; elle semait, en un mot, à pleines mains, les aumônes autour d'elle, et n'est-ce pas l'explication de l'une de ses paroles : « Si l'année n'avait que dix mois, je pourrais me tirer d'affaire, mais pour les deux derniers, il faut toujours que j'emprunte. »

C'est à elle que l'on doit, en grande partie, la fondation des Sœurs de la Charité, qui vont visiter à Metz les indigents à domicile. Depuis longtemps ces bonnes filles de Saint-Vincent de Paul étaient chargées, par le Bureau de Bienfaisance, de la distribution des secours et des remèdes qu'il accorde aux familles malheureuses, mais ces familles n'étaient pas visitées. M.me de

Saint-Blaise comprit le grand avantage qu'il y aurait à conduire les Sœurs jusque dans les réduits qu'elles habitent, pour leur procurer à la fois les soins qui guérissent le corps, et les conseils qui atteignent et améliorent l'âme. Elle commença par mettre de côté quelque argent, et, vers 1826, ayant ramassé sur ses économies une somme de 5000 fr., elle vint confier son projet au bon et respectable abbé Dudot, Vicaire-Général, en le priant de chercher à le mettre à exécution. Celui-ci accepta avec empressement le projet, mais la somme mise entre ses mains était loin de suffire, et après information prise, 15000 fr. au moins étaient nécessaires ; la Providence lui envoya bientôt ce qui lui manquait. Un jour, il sortait de la Cathédrale, l'air rêveur et soucieux ; « Eh ! mon ami, qu'avez-vous donc ? lui dit, en le rencontrant, un vieil officier avec lequel il était lié. — Ce que j'ai ! répondit M. Dudot, je suis dans l'embarras parce qu'il me faudrait trouver 10000 fr. — Pourquoi donc ?—Ah ! c'est une bien bonne œuvre à faire…et le digne Prêtre expliquait au long son désir. — Mon ami, dit l'officier, ne vous attristez plus ! 10000 fr. vous manquaient, ils sont maintenant à votre disposition. Pendant l'émigration j'ai reçu précisément cette somme, à la charge de m'en servir pour une bonne œuvre, quand je n'en aurais plus besoin. Aujourd'hui je puis m'en passer et je vais la faire porter immédiatement chez vous. » M. Dudot, rempli de joie, se hâta d'offrir au Bureau de Bienfaisance, moyennant un capital versé à sa caisse, la fondation de deux Sœurs de la Charité, chargées de visiter à domicile les pauvres de la ville, et cette proposition fut agréée avec empressement et gratitude ; une ordonnance royale la sanctionna, et dès qu'elle fut mise à exécution, on en reconnut les avantages, mais on trouvait en même temps que deux Sœurs étaient bien peu pour une ville grande comme Metz ; aussi, quelques années plus tard, Mme de Saint-Blaise cherchait à en avoir quatre. Dans ce but, elle travaillait à faire des épargnes, elle engageait des dames charitables à s'unir à elle, elle parlait de son projet à tous ceux qu'elle voyait, lorsque, de leur côté, MM. les Administrateurs du Bureau de Bienfaisance, ayant reconnu l'existence d'anciennes fondations, et appréciant d'ailleurs l'utilité incontestable d'un plus grand nombre de Sœurs visiteuses, prévinrent les désirs de la femme charitable à qui la Providence avait donné une si juste intelligence du bien à faire, et appelèrent, en 1835, deux nouvelles filles de Saint-Vincent de Paul à se joindre à leurs Sœurs, pour porter les secours à domicile. Mme de Saint-Blaise, qui cependant avait déjà amassé 3000 fr., les remit aussitôt à la Supérieure de la Maison de Charité, pour subvenir aux frais de différents genres, que nécessitait l'augmentation du personnel de cet établissement.

M. de Saint-Blaise était beaucoup plus âgé que sa femme ; une belle vieillesse lui était donnée, et exempt d'infirmités, il conservait, à 90 ans, une amabilité de manières que l'on ne rencontre pas d'ordinaire avec le nombre des années. Il avait toujours pour sa femme de grandes attentions, craignait de lui faire de la peine, et lui témoignait surtout un véritable respect, parcequ'il la regardait comme une sainte. Les deux dernières années de sa vie furent visitées cependant par la maladie ; il demandait des soins plus assidus, sa mémoire s'affaiblissait en même temps que ses forces, et il quittait difficilement sa maison. Mme de Saint-Blaise s'appliqua à l'entourer de toutes les attentions que réclamaient son âge et sa santé ; elle ne lui rendait pas elle-même ordinairement les services dont il avait besoin, mais elle venait fréquemment dans sa chambre, pour s'assurer qu'ils lui étaient rendus; elle cherchait à l'égayer et à le distraire, elle l'engageait à élever son cœur vers Dieu, et elle priait devant lui et avec lui.

Lorsqu'elle vit approcher la dernière heure de son mari, attentive à l'enrichir de toutes les grâces que l'Église accorde à ses enfants, elle le prépara elle-même à la réception des Sacrements ; plusieurs fois déjà il avait communié durant sa maladie, et il n'eut pas de peine à faire à Dieu son sacrifice. Il mourait plein de jours et de mérites comme les anciens Patriarches, et la compagne de sa vie, en recevant son dernier soupir, sentait se briser les derniers liens qui l'attachaient au monde.

En effet, à dater de ce moment, en 1842, Mme de Saint-Blaise acceptant toute la rigidité du veuvage le plus sévère, ne vécut plus uniquement que pour Dieu et les pauvres. Elle ne mangea plus hors de chez elle ; elle ne se soumit plus qu'aux visites indispensables, et on eût dit qu'elle eût oublié tout autre chemin que celui qui menait à l'Église ou à la maison des Orphelines.

Ses exercices de piété déjà fort longs, s'augmentèrent encore, et elle parut ne trouver plus de bonheur qu'au pied des autels ; presque tous les jours, elle approchait de la sainte communion.

Donnant un libre cours à son esprit de mortification et de pénitence, elle ne fit plus servir sur sa table qu'une nourriture grossière, et elle arriva jusqu'à regarder comme une espèce de vol fait aux pauvres, la moindre dépense non indispensable, occasionnée par ses aliments, au point même qu'elle ne voulait pas que l'on achetât des fruits, quoiqu'elle les aimât, et que les Sœurs de la Charité, pour l'obliger à en manger, venaient elles-mêmes lui en offrir, comme étant, disaient-elles dans leur ingénieuse attention, le produit du jardin des Orphelines.

Sa charité ne connut plus de bornes. Elle avait sagement destiné les immeubles qu'elle possédait à rentrer dans sa famille, mais il paraît qu'elle avait voulu que le reste de sa fortune fût la part des pauvres, et sans attendre au moment de la mort, elle se mit elle-même à distribuer cette part. Son argent, son linge, une grande partie de son mobilier, ont été donnés peu à peu par elle. Ayant appris, un jour, les besoins d'une Eglise récemment construite, qui manquait de beaucoup d'objets nécessaires,

elle chargea une personne de confiance d'empor-
ter en cachette une belle cafetière d'argent, et
de la vendre pour en consacrer le prix à cette
Église. Une montre d'or échappa plus longtemps à la convoitise de sa charité ; cependant,
sur la fin de sa vie, elle voulut aussi s'en
défaire, et prétextant qu'elle n'allait pas bien,
elle la vendit pour n'en avoir plus qu'une d'argent. Il n'y a aucun doute que les traits de
ce genre ont abondé dans la vie de Mme de
Saint-Blaise, car à sa mort, malgré l'incontestable fidélité de toutes les personnes qui
l'entouraient, on n'a plus retrouvé ni les objets auxquels on savait qu'elle avait tenu davantage, ni plusieurs de ceux qui sont le plus
indispensables dans un ménage. Sa charité avait
donc, en quelque sorte, mis au pillage sa propre
maison, et elle l'avait dépouillée, pour les malheureux, avec une rigueur difficile à croire. En
voyant ainsi de nouvelles preuves de sa compas-
sion pour les pauvres, sa famille, vraiment digne
d'elle, admirait sa générosité, et placée bien au-
dessus des pensées d'intérêt, elle exprimait ces
nobles sentiments : « Mme de Saint-Blaise ne
nous devait rien, et elle nous a fait des legs qui
excitent toute notre reconnaissance ; nous ap-

plaudissons à ses bonnes œuvres ; notre plus précieux héritage est celui de ses exemples. »

Mme de Saint-Blaise avait pris tant de soins à étendre sur ses aumônes un voile épais, elle était si persuadée qu'elle avait réussi à dissimuler sa charité, qu'elle ne soupçonnait pas que l'on devinât ses œuvres, et qu'elle eut même l'inquiétude de passer pour avare. Sur la fin de sa vie, elle confia donc à une amie que ce serait un scandale pour le public, qu'une Trésorière des Orphelines qui avait tant demandé pour elles, ne fît rien de son côté, et qu'afin de ne pas prêter matière à ce scandale, elle voulait déposer entre ses mains une somme de 5000 fr. comme fondation perpétuelle de son abonnement à l'OEuvre qu'elle avait tant aimée.

On devine que, pour satisfaire à son besoin de donner, elle devait s'imposer beaucoup de privations. Il paraît que quelquefois même elle se trouvait dans un étrange embarras. Ainsi, ayant conservé jusqu'à la fin le désir de ne pas se singulariser, et de ne donner lieu surtout à aucun ridicule qui pût retomber sur la piété dont elle faisait profession, elle tenait avec raison à être mise toujours d'une manière convenable au rang qu'elle occupait. Cependant comme elle ne rendait plus de visites, et qu'elle s'était éloignée du monde, elle n'avait pas cru nécessaire de renouveler sa toilette ; or, au mois de décembre 1845, subitement se présente à sa pensée qu'il va y avoir une réunion générale des dames abonnées à l'OEuvre des Orphelines, et que la Trésorière ne peut manquer de s'y trouver ; qu'il lui faudra même jusqu'à un certain point faire les honneurs de l'assemblée, montrer la maison, parler des enfants, intéresser en leur faveur ; mais le manteau que requiert la saison, a déjà fait son service, et il faut convenir qu'il serait peu présentable dans la réunion dont il s'agit. Que faire? le remplacer.... mais l'on est précisément à l'époque du dernier de ces deux mois qui sont toujours de trop dans l'année de la charitable Trésorière, et depuis longtemps elle n'a plus rien. Combien la même difficulté augmente encore, quand elle s'aperçoit qu'un nouveau manteau appellera un nouveau chapeau, et par conséquent un nouveau surcroît de dépense ! Enfin, après bien des hésitations, il n'y eut pas d'autre moyen que de prendre l'argent qui avait été mis de coté pour les étrennes des Sœurs de la Charité, et qui devait être distribué par elles aux pauvres. « Mes sœurs, leur

disait Mme de Saint-Blaise, à sa visite de nouvelle année, il faut que vous me fassiez crédit;
vous êtes bien heureuses de n'être pas obligées
d'acheter des manteaux et des chapeaux ; moi,
j'ai été forcée d'employer à cela tout ce qui me
restait ; je vous apporterai mon aumône ordinaire aussitôt que je le pourrai; vraiment, il
ne m'était pas permis de faire autrement.... »
et elle croyait devoir s'excuser, malgré les sou-
rires des bonnes Sœurs qui admiraient l'embarras où la mettait sa générosité. Elle n'eut de
repos, que lorsqu'au bout de plusieurs mois,
elle put enfin acquitter sa dette de bienfaisance.

L'esprit de foi dont elle était remplie, l'avait
engagée depuis longtemps à contribuer, autant
qu'il dépendait d'elle, à la décoration du lieu
saint ; et à l'époque du mois de mai, de la Fête-
Dieu, ou de la Neuvaine de l'Assomption, elle
veillait à la confection des fleurs artificielles et
des guirlandes de feuillage qui devaient orner le
sanctuaire. Lorsqu'elle fut devenue veuve, et
qu'elle n'eut plus à craindre de contrarier son mari en donnant accès à trop de monde dans sa maison, ce fut chez elle que se réunirent les pieuses
ouvrières qui travaillaient à préparer ces fleurs,
et, chez elle aussi, que s'exerçaient les chœurs

de chanteuses auxquelles sont confiées les louan-
ges de Marie et les cantiques qui doivent se faire
entendre en certaines circonstances. Rien ne la
gênait, ni ne lui était à charge, quand elle espé-
rait pouvoir contribuer en quelque chose à la
gloire de Dieu.

Son caractère qui avait toujours été doux,
égal, et surtout d'une inaltérable gaîté, paraissait
de jour en jour gagner quelque chose de meilleur.
Quelquefois elle donnait des conseils à ses pa-
rentes, surtout à ses nièces, car elle voulait porter
tout le monde à la piété, et désirait que toutes
celles qu'elle aimait fussent parfaites; mais c'était
toujours en souriant qu'elle parlait, et on ne
voyait rien dans ses discours qui ressemblât à de
la gronderie.

Les personnes mêmes qui la servaient, n'en-
tendirent jamais sortir de sa bouche des paroles
piquantes, et ne furent témoins d'aucune mau-
vaise humeur. Si elle s'apercevait que l'on eût
oublié de faire ce qu'elle avait demandé ou qu'on
l'eût mal fait, elle répétait à la vérité quelquefois
cette parole : « Extravagance! extravagance! »
c'était le seul reproche qu'elle sût prononcer.
Chez elle, il n'y avait jamais de hauteur vis-à-
vis de personne; quand elle était mécontente

elle parlait avec vivacité, tournant assez volon-
tiers ses observations en plaisanteries ; mais, dès
qu'elle avait dit ce qu'elle voulait dire, elle n'y
revenait plus. Il fallait que l'on fût très-exact, autour d'elle, à faire chaque chose au moment
marqué ; elle ne souffrait pas que l'on dérangeât
l'heure des repas ; sa manière d'être était telle,
que l'on aurait craint de mériter de sa part une
seconde observation ; aussi se soumettait-on
fidèlement à tout ce qu'elle avait une fois dit.

Toujours elle se montra généreuse envers
ceux qui la servaient. Les fermiers qui culti-
vaient ses terres, n'avaient point d'augmentation
dans les prix à payer, malgré l'accroissement de
la valeur des fermes ; ils étaient traités avec une
politesse et des égards qui gagnaient leur cœur.
Elle montra surtout d'une manière particulière,
ainsi que M. de Saint-Blaise, ces égards, pour
l'un d'eux qui, pendant la Révolution, s'était bien
conduit vis-à-vis de son père ; et, en toutes circonstances, elle cherchait à lui témoigner sa
gratitude.

Les serviteurs de sa maison étaient également
traités par elle avec une grande bonté ; elle craignait de les trop fatiguer, s'occupait de leur santé
quand ils étaient malades, et souvent même

allait elle-même les soigner ; mais il fallait que de leur côté ils remplissent ponctuellement tous les devoirs de la religion ; et elle n'aurait pu supporter chez elle quelqu'un qui fût demeuré étranger à la piété.

Le trait suivant ne donnera-t-il pas une preuve de l'étendue de sa générosité ? Elle avait à son service, depuis deux ans à peine, une femme de chambre dont elle était satisfaite, mais qui, un jour, s'étant un peu monté la tête, vint se plaindre de la nourriture qu'on lui donnait ; comme Mme de Saint-Blaise lui faisait sur ses exigences d'assez justes observations, la pauvre fille s'irrita, et s'écria qu'elle ne demeurerait pas certainement dans une maison où on la traitait de la sorte. La maîtresse, on le comprend, ne put supporter ce langage ; « Eh bien ! lui dit-elle, puisque mon service ne vous convient pas, vous le quitterez à l'instant même ; » elle règle donc aussitôt son compte, lui donne ce qui lui revient, et la congédie.

Mais que d'inquiétudes remplissent son cœur bientôt après ! N'a-t-elle pas été trop vive ? n'aurait-elle pas dû prendre le temps de la réflexion ? n'aura-t-elle pas nui à cette femme de chambre qui se trouve maintenant sans place et qui aura peine à en trouver? Elle ne croit pas néanmoins devoir la reprendre, mais dès le lendemain elle portait une somme de 2000 fr. chez la Supérieure de la maison des Orphelines, en la chargeant d'en employer la rente à payer une pension à cette femme de chambre, et à la mettre ainsi à l'abri du besoin. Plus tard même, cette fille ayant voulu entreprendre un petit commerce, Mme de Saint-Blaise lui abandonna les 2000 fr. pour acheter ce qui lui était nécessaire.

En faisant ainsi le bien, et sortant tout-à-fait des bornes ordinaires, la généreuse chrétienne paraissait ne pas soupçonner seulement le mérite de ses œuvres. L'humilité, sans laquelle il n'y a pas de vertus véritables, était entrée si avant dans son âme, que, lorsque malgré ses efforts pour cacher ses aumônes, on les devinait, et qu'on osait lui en parler, elle s'écriait aussitôt : « Oh ! je n'ai aucun mérite, je ne les fais que d'une manière tout humaine, et je me présenterai les mains vides devant Dieu. » Dans son excessive défiance d'elle-même, elle craignait de tomber en enfance et quelquefois elle s'imaginait, bien à tort, que ses facultés baissaient et qu'elle n'était plus bonne à rien.

Cependant le terme de sa vie approchait ; dès

le milieu de l'année 1846, sans que l'on pût remarquer encore une maladie bien caractérisée,
elle était condamnée à ne pouvoir presque plus
sortir de chez elle. Une année s'écoula dans
cette triste position ; mais Mme de Saint-Blaise
sut la mettre à profit. Elle s'appliqua avec un
nouveau soin à ne pas perdre un seul instant la
présence de Dieu, elle continua aussi longtemps qu'elle le put à aller presque chaque jour
dans la chapelle voisine de sa demeure, afin d'y
communier, et elle recevait toujours l'adorable
Eucharistie comme si c'était pour la dernière
fois. « Je ne sais pas quand je mourrai, disait-
elle, mais ce sera certainement dans le courant
de l'année. » Hélas ! cette prédiction devait se
réaliser.

Les choses de la terre lui devinrent dès-lors
entièrement indifférentes ; elle n'ouvrait plus les
journaux que pour voir le prix de la mercuriale
des blés, car ses souffrances ne pouvaient lui faire
oublier celles des pauvres, auxquels la disette im-
posait en ce moment tant de besoins ; mais tout
le reste n'était plus rien à ses yeux, il fallait toujours lui parler du Ciel. Aussi les visites qu'elle
recevait de préférence, étaient celles des ecclé-
siastiques et des Sœurs de la Charité. Pour eux
la porte n'était jamais fermée.

Rien n'épuise autant l'âme qu'une longue maladie, la piété semble s'éteindre, l'ennui gagne peu à peu, et le découragement même arrive trop souvent. Mme de Saint-Blaise ne fut pas exempte de ces fâcheuses épreuves. A la vérité, au moment des crises et des grandes souffrances, elle trouvait de la force, et rassemblant toute son énergie, elle prenait assez sur elle pour essayer de sourire ; mais, la crise passée, il lui demeurait un abattement profond, et alors elle demandait avec instance qu'on priât pour elle, afin qu'elle ne perdît pas la résignation à la volonté de Dieu. Vous êtes résignée, madame, lui disait-on ; et elle répondait : « Oui, c'est vrai, je n'ai pas encore manqué de résignation, mais je crains qu'elle ne m'échappe, si vous ne priez pour moi : je sens si bien que mes prières ne valent plus rien ! »

Ses forces diminuaient insensiblement chaque jour, et sans que l'on pût se livrer à l'espoir de conserver longtemps la respectable malade , on ne pensait pas cependant qu'il y eût aucun danger pressant, lorsqu'un triste accident vint hâter les progrès du mal.

Vers la fin du mois d'août 1847, en se promenant dans son jardin, où elle essayait de faire encore quelques pas, elle tomba, et demeura à terre sans mouvement ; on se hâta de la relever et de la porter dans son lit, et l'on ne s'aperçut pas qu'elle avait la hanche déboîtée. Elle se plaignait cependant d'une grande douleur dans le côté, mais il fut impossible d'obtenir d'elle, qu'elle se laissât visiter par le médecin qui la soignait, ni même par les femmes qui la servaient ; toutes les instances furent inutiles, et la peine qu'elle éprouvait à consentir à ce que l'on demandait d'elle, empêcha de rien exiger. On est donc resté dans l'incertitude sur les suites de sa chute jusqu'à sa mort, c'est-à-dire pendant plus de deux mois ; et même, en l'ensevelissant, respectant sa pudeur dont elle avait donné une si grande preuve, on ne s'est pas permis un examen désormais inutile. Au reste, elle avait toujours montré sur tout ce qui touche à la modestie, la réserve la plus grande ; dans sa vie entière on n'eût pas trouvé un mot, une lecture, une manière de se vêtir, qui pût, même légèrement, blesser cette vertu délicate ; et dans sa dernière maladie, les femmes de son service étaient étonnées qu'elle retrouvât toujours assez de force pour pouvoir changer seule les linges qui la couvraient. Déjà elle était à l'agonie, lorsqu'une goutte d'eau coula sur son cou pendant qu'on portait un breuvage à ses lèvres ; on voulut l'essuyer, mais elle repoussa aussitôt avec force la main qui s'approchait d'elle, et on aurait dit que par rapport à la pureté, il y avait chez elle exagération.... si on pouvait trouver jamais que cette vertu s'entoure de trop de précautions.

Au milieu des vives douleurs qu'elle éprouvait, Mme de Saint-Blaise paraissait ne sentir que les fatigues des personnes qui l'entouraient. Sans cesse elle les remerciait et leur demandait pardon d'être la cause des peines qu'elles avaient à prendre. Les Sœurs de la Charité, pour qui elle avait tant d'attachement et tant de vénération, avaient obtenu de leur Supérieur-Général la permission d'être ses seules garde-malades. Elles ne la quittaient pas, et se remplaçant les unes les autres, elles veillaient autour d'elle et le jour et la nuit.

Pendant plusieurs semaines qui s'écoulèrent dans cette cruelle position, la malade pouvait à grand'peine faire quelques mouvements, mais son âme reprenait des forces dans la prière et surtout dans la communion. Tous les huit jours elle avait le bonheur de recevoir la sainte Eucharistie. Comme elle voulait que sa chambre fût en ordre pour la visite de son Dieu, et qu'on lui lût beaucoup de prières pour sa préparation, il fallait qu'on se levât ce jour-là à trois heures. Un grand respect pour l'auguste Sacrement de l'autel s'est toujours fait remarquer en elle, et durant sa maladie, comme lorsqu'elle était en santé, elle ne s'est jamais familiarisée avec les choses saintes.

Vers la fin d'octobre, l'affaiblissement augmenta d'une manière sensible, et quelques symptômes alarmants se firent voir ; on crut qu'il était temps qu'elle reçût les derniers Sacrements, on l'en avertit. Cette nouvelle lui fit impression, elle parut même un instant troublée ; mais bientôt reprenant du calme : « Je ne croyais pas, dit-elle, que je fusse déjà près de la mort ; mais je vous remercie de m'avoir prévenue. » Aussitôt elle fit prier son confesseur de venir, et bientôt après, elle reçut le Saint-Viatique et l'Extrême-Onction. Pendant cette pieuse cérémonie, elle paraissait tranquille et abîmée dans la pensée de Dieu ; elle cherchait à s'unir à toutes les prières de l'Église, et elle prononçait de pieuses aspirations.

Les jours qu'elle vécut encore furent une agonie prolongée ; quelquefois il y avait un peu d'assoupissement, quelquefois même un peu de délire, mais dès qu'elle retrouvait le sentiment, c'était pour prier ou pour demander que l'on priât à haute voix à ses côtés. Elle répétait souvent: « Mon Dieu, je vous aime ! » Elle se plaisait à entendre réciter le chapelet, et on s'apercevait facilement qu'elle unissait son âme aux paroles qu'elle ne pouvait déjà plus prononcer. Quelquefois elle craignait de s'impatienter, et elle demandait aux Sœurs qui la gardaient: « N'ai-je pas manqué de douceur? » Sa belle-sœur ne la quittait pas, sa nombreuse famille, les dames qu'elle avait honorées de son amitié, les Prêtres avec lesquels sa charité et sa foi l'avaient mise en rapport, venaient fréquemment s'informer de ses nouvelles. Elle avait donné l'ordre que l'on fît toujours entrer les Prêtres, afin qu'ils lui suggérassent quelque bonne pensée et qu'elle pût se recommander à leurs prières.

Une visite à laquelle elle ne pouvait manquer d'être sensible, fut celle de son Évêque. Mgr. Dupont-des-Loges, dès son arrivée à Metz, avait été à même de connaître sa générosité envers les pauvres et sa piété envers Dieu ; et à l'exemple de Mgr. Besson, son prédécesseur, il avait conçu pour elle une profonde estime. En toutes circonstances, il s'était plu à lui en donner des preuves, et il voulut encore la consoler sur son lit de douleur. Mme de Saint–Blaise écouta avec bonheur les paroles de piété et d'espérance que lui adressa le Prélat, et elle réclama avec foi sa bénédiction ; mais elle trouva aussi dans cette visite une dernière occasion de montrer l'étendue de sa soumission aux lois de Dieu et de l'Église.

C'était un Vendredi, et comme l'agonie avait déjà commencé, les personnes qui l'entouraient, et en particulier les Sœurs de la Charité, n'hésitaient pas à la presser de prendre un peu de bouillon gras afin de ranimer ses forces ; mais pour elle, elle ne pouvait se décider à y consentir. On pria donc Mgr. l'Evêque de lui faire connaître que, dans l'état où elle se trouvait, il n'y avait aucune transgression de la loi à redouter, si elle faisait ce qu'on lui proposait. « Oh! n'exigez rien de moi, Monseigneur, dit Mme de Saint–Blaise, en retrouvant la force de sa voix ; je n'ai jamais violé la loi de l'abstinence du Vendredi ; que je ne la viole pas pour la première fois, quand je vais mourir ! »

Elle vécut encore un jour ; sa bouche ne pouvait plus prononcer de paroles, mais par ses gestes elle témoignait son désir que l'on priât encore à haute voix à ses côtés ; à chaque instant elle formait sur elle le signe de la croix ; et on a compté qu'elle l'a fait plus de trente fois dans cette dernière journée de sa vie. Quand on lui présentait le crucifix, elle le baisait respectueusement, et quand il était éloigné de ses lèvres, elle le cherchait encore pour donner à l'image du Sauveur, une nouvelle preuve de sa confiance et de son amour en Jésus-Christ.

Enfin, le 31 octobre 1847, au soir, au moment même où les cloches de toutes les paroisses de la ville annonçaient le commencement de la solennité de la fête de tous les Saints, Mme de Saint-Blaise rendit son âme à Dieu ; et telle était l'opinion générale qu'on avait de ses vertus, que chacun, en apprenant cette mort, disait qu'elle avait été célébrer dans le ciel sa propre fête. Elle était âgée de 76 ans.

Pendant deux jours, son corps demeura exposé sur son lit de mort, et une foule recueillie venait prier auprès de lui, en lui faisant toucher des chapelets, des croix et des médailles ; mais on remarquait surtout les Orphelines qu'elle avait tant aimées et qui, à ce moment, paraissant redevenir une seconde fois orphelines, laissaient éclater leurs regrets et leur douleur.

Les funérailles eurent lieu le mardi 3 novembre. En avant du cortège marchaient les Orphelins et les enfants des écoles chrétiennes ; puis, d'après les intentions marquées dans le testament de Mme de Saint-Blaise, son cercueil était entouré des cent-dix orphelines de la maison qui lui était si chère ; les Sœurs de la Charité auxquelles elle avait voulu se faire affilier, portaient les glands du drap mortuaire et suivaient immédiatement le corps ; venaient ensuite les serviteurs, les parents et la foule de ceux qui éprouvaient le besoin de rendre un dernier hommage à une femme vraiment digne des regrets publics.

Après l'Office, célébré dans l'Église paroissiale de Sainte-Ségolène, le convoi se dirigea lentement vers le cimetière de l'Est. Sur son passage on entendait s'élever de toutes parts un dernier éloge de la défunte ; un recueillement profond se faisait remarquer, et la parole d'une des filles de Saint-Vincent de Paul a paru bien vraie : « On eût dit que nous portions des reliques. » Le tombeau qui avait reçu les restes de M. de Saint-Blaise, devait recueillir aussi ceux de sa femme, et pour les vénérables époux se vérifie ainsi la parole de la sainte Ecriture : *Après avoir été unis durant leur vie, ils le sont encore après la mort.* (2 Rois 1. 13.)

Quelques jours après, l'Administration de l'Œuvre des Orphelines faisait célébrer un service solennel pour le repos de l'âme de sa principale bienfaitrice, dans la chapelle même à l'érection de laquelle elle avait si généreusement contribué. Mgr. l'Evêque voulut bien, lui-même, offrir la sainte Messe, assisté de ses Vicaires-Généraux. Le Directeur de l'Œuvre prononça l'oraison funèbre, et grand nombre de Dames vinrent mêler leurs prières aux prières des Orphelines.

En voyant couler les larmes de celles qui avaient été associées à tout le bien que faisait leur généreuse Trésorière, on eût pu dire, comme en voyant couler les larmes du Sauveur sur la tombe de Lazare : *Remarquez combien elles l'aimaient ! (Joan. 11. 36.)* Mais, en se rappelant les œuvres auxquelles ces Dames se livrent, et la piété qu'elles savent pratiquer, on se disait, avec consolation, que si les hommes meurent, *la charité ne meurt jamais. (1 Co...*